DOMINANDO AS EMOÇÕES NO DAY TRADE

A Jornada do Trader Emocionalmente Inteligente

Marcelo Kenzo Taketa

ISBN-13: 9798860813236
ISBN-10 1477123456

Design da capa por: Pintor de arte
Número de controle da Biblioteca do Congresso: 2018675309

Impresso nos Estados Unidos da América

Dedicatória:

Dedico este e-book à minha esposa Adriana Taketa, pelo seu amor e apoio incondicional ao longo da minha jornada como Trader. Ao meu amigo e irmão de alma Maurício Leal, pela parceria e eterno incentivo a nunca desistir do mercado financeiro. Aos meus amigos e colegas de trabalho, o Trader Márcio Carbonel e a Trader Edi Pinheiro, que compartilham a mesma paixão pelo mercado financeiro e pelo day trade. Juntos, formamos uma equipe unida, onde o aprendizado e a troca de conhecimentos são constantes.

Que continuemos a trilhar esse caminho emocionante juntos, com a certeza de que a paixão pelo trading e a inteligência emocional são as chaves para alcançar resultados extraordinários.

Com carinho e gratidão,

Marcelo Kenzo Taketa

"O maior inimigo do investidor é ele próprio. Vencer a si mesmo é a chave para vencer nos mercados."

BENJAMIN GRAHAM

PRÓLOGO

Bem-vindo ao mundo emocionante e desafiador do day trade! Uma jornada intensa e apaixonante em busca do entendimento profundo dos fatores emocionais que influenciam as decisões e os resultados no mercado financeiro.

Quando me apaixonei pelo day trade, percebi rapidamente que as emoções eram um fator determinante para o sucesso ou fracasso nas negociações. As oscilações dos mercados despertavam em mim sentimentos de euforia e incerteza, ansiedade e esperança. Ao longo do tempo, aprendi que, para dominar o mercado, era necessário primeiro dominar a mim mesmo.

Nesta jornada emocionante, tive a honra de contar com a parceria de traders experientes, colegas de equipe e, acima de tudo, o apoio incondicional de minha amada esposa, Adriana. Cada conversa, cada aprendizado e cada vitória foram fundamentais para construir a base deste e-book.

Acredito firmemente que a inteligência emocional é a chave para se tornar um trader bem-sucedido. Compreender e controlar nossas emoções durante as operações de trading é essencial para tomar decisões racionais e fundamentadas, independentemente das condições do mercado.

Ao longo destas páginas, exploraremos a psicologia do trader de sucesso, analisaremos estudos de caso marcantes e desvendaremos a ciência por trás das emoções no mercado financeiro. Cada capítulo foi cuidadosamente elaborado para oferecer estratégias práticas que o ajudarão a desenvolver uma mente emocionalmente equilibrada e focada no sucesso.

Agradeço a você, caro leitor, por embarcar nesta jornada comigo. Espero que este e-book seja uma fonte de inspiração e sabedoria em sua trajetória no day trade. Lembre-se de que o sucesso está ao alcance daqueles que compreendem e respeitam suas próprias emoções, e que a inteligência emocional é uma habilidade que pode ser desenvolvida e aprimorada com dedicação e prática.

Que esta obra seja um guia valioso em sua busca pelo equilíbrio emocional e pelo sucesso no mercado financeiro.

Boa leitura e bons trades!

DISCLAIMER

As informações fornecidas neste e-book têm fins educacionais e não constituem aconselhamento financeiro. O day trade envolve riscos substanciais, e os leitores devem sempre procurar orientação de profissionais qualificados antes de tomar decisões de investimento.

INTRODUÇÃO

Neste guia abrangente, vamos explorar os fatores emocionais que podem surpreendentemente levar ao sucesso ou ao fracasso no day trade. Muitos traders subestimam a importância do aspecto emocional nas decisões financeiras, mas aprenderemos como dominar esses fatores ocultos para alcançar resultados extraordinários.

É importante salientar que, no decorrer da leitura, você vai se deparar com algumas informações repetidas de forma proposital. Essa repetição tem o intuito de melhorar a fixação do conteúdo mais relevante.

CAPÍTULO 1: O PODER DAS EMOÇÕES NO DAY TRADE

O dia amanhece com o sol se levantando no horizonte, e junto com ele, surge a empolgação dos traders de todo o mundo, prontos para enfrentar os desafios do mercado financeiro. O day trade é um desafio emocionante, onde milhões de Reais são ganhos e perdidos em questão de segundos. Mas, por trás das telas brilhantes dos computadores, existe um fator crucial muitas vezes negligenciado: as emoções humanas.

O mundo dos investimentos é um campo onde a racionalidade e a análise objetiva costumam ser enfatizadas como as principais ferramentas para o sucesso. No entanto, em um ramo tão dinâmico e volátil como o Day Trade, o papel das emoções não pode ser subestimado. As emoções desempenham um papel intrincado e muitas vezes subestimado na tomada de decisões dos traders, e compreender seu impacto é essencial para alcançar resultados consistentes e positivos nesse mercado.

O Day Trade é uma abordagem de investimento que envolve a compra e venda de ativos financeiros no mesmo dia, buscando lucrar com pequenas variações de preço. A velocidade das transações e a necessidade de reagir rapidamente às mudanças do mercado podem criar um ambiente de intensa pressão e estresse. Nesse contexto, as emoções podem facilmente assumir o controle, levando a decisões impulsivas e irracionais.

Um dos principais desafios emocionais enfrentados pelos traders é o medo e a ganância. O medo de perder dinheiro pode levar a saídas precipitadas de negociações lucrativas, resultando em ganhos menores do que o potencial. Por outro lado, a ganância pode levar os traders a arriscarem mais do que deveriam em busca de lucros maiores, aumentando o risco de perdas significativas. Portanto, reconhecer essas emoções e desenvolver estratégias para gerenciá-las é fundamental.

Além disso, a ansiedade e o estresse podem afetar a clareza cognitiva dos traders. Decisões tomadas sob alta pressão e estresse podem ser menos precisas e mais suscetíveis a erros. É importante que os traders cultivem habilidades de gestão do estresse, como técnicas de respiração, meditação e pausas regulares, para manter a mente calma e focada durante as negociações.

No entanto, é errôneo pensar que as emoções sempre têm um efeito negativo no Day Trade. Emoções como intuição e confiança também desempenham um papel.

A intuição pode ser uma combinação de experiência passada e percepções inconscientes, fornecendo insights valiosos para a tomada de decisões. A confiança, quando bem fundamentada, pode motivar os traders a agir de acordo com sua análise e estratégias, mesmo quando o mercado parece incerto.

Uma abordagem equilibrada para o papel das emoções no Day Trade envolve autoconhecimento e disciplina. Os traders precisam entender suas próprias tendências emocionais, reconhecendo quando o medo ou a ganância estão influenciando suas decisões. Criar regras sólidas de gerenciamento de risco e aderir a elas, independentemente das oscilações emocionais, é um passo importante para evitar perdas significativas.

Em última análise, o Day Trade é uma interseção complexa entre análise técnica, inteligência emocional e disciplina. Ignorar as emoções não é uma opção viável, mas permitir que elas dominem também não é recomendado. A chave reside em encontrar um equilíbrio saudável, onde as emoções sejam reconhecidas, compreendidas e controladas em prol de decisões informadas e estratégias bem executadas. O verdadeiro poder das emoções no Day Trade é desbloqueado quando elas são parceiras da razão, em vez de suas adversárias.

Vou lhe contar uma história...

Há muito tempo, em uma cidade agitada no coração financeiro do mundo, vivia um jovem chamado Lucas.

Ele tinha sempre sonhado em se tornar um trader de sucesso e estava determinado a dominar o mundo do Day Trade. Seu entusiasmo era contagioso, e ele logo conseguiu um emprego em uma respeitada empresa de investimentos.

No início, tudo parecia uma montanha-russa emocionante para Lucas. Ele mergulhou de cabeça nas análises técnicas, gráficos e tendências de mercado. A empolgação de comprar e vender ativos rapidamente era palpável, e seus colegas de trabalho o admiravam por sua paixão e dedicação.

No entanto, conforme o tempo passava, Lucas começou a perceber a influência das emoções em suas decisões. Um dia, uma série de perdas inesperadas o atingiu em cheio. O medo o dominou, e ele começou a entrar em negociações arriscadas para recuperar o que havia perdido. No final do dia, suas perdas só aumentaram, e ele se viu em uma espiral de ganância e desespero.

Desanimado, Lucas decidiu dar um passo atrás e reavaliar sua abordagem. Ele começou a estudar sobre inteligência emocional e técnicas de gerenciamento de estresse. Aos poucos, ele desenvolveu a capacidade de reconhecer quando as emoções estavam nublando seu julgamento. Quando sentia que o medo ou a ganância estavam tomando conta, ele se afastava, fazia respirações profundas e revisava suas estratégias.

Com o tempo, Lucas também percebeu que nem todas as suas emoções eram prejudiciais. Sua intuição, por exemplo, muitas vezes o ajudava a identificar oportunidades ocultas. Ele aprendeu a confiar em sua análise e usar sua intuição como um complemento, em vez de uma força oposta.

Lucas adotou uma abordagem mais equilibrada em suas negociações. Ele estabeleceu regras rígidas de gerenciamento de risco, determinando o quanto estava disposto a arriscar em cada negociação. Ele se permitia sentir a empolgação das vitórias, mas não deixava que isso o levasse a assumir riscos excessivos. Da mesma forma, ele aceitava as perdas como parte do jogo, aprendendo com cada erro.

Com o tempo, a abordagem consciente de Lucas começou a render frutos. Suas negociações se tornaram mais consistentes, e ele ganhou a confiança dos colegas e superiores. Ele não apenas dominou as estratégias, mas também se tornou um mestre em dominar suas emoções. Sua jornada se transformou em uma inspiração para outros traders, que também buscavam o equilíbrio entre razão e emoção no mundo do Day Trade.

A história de Lucas nos lembra que o Day Trade não é apenas sobre análises técnicas e gráficos. As emoções desempenham um papel fundamental em nossas decisões, mas cabe a nós aprender a reconhecê-las, compreendê-las e controlá-las. Quando isso acontece, as emoções se tornam aliadas valiosas em nossa busca por sucesso no mercado financeiro.

Dica Essencial: Cultive a Inteligência Emocional no Day

Trade.

No emocionante mundo do Day Trade, onde decisões rápidas e precisas são cruciais, cultivar a inteligência emocional se torna uma arma poderosa para o sucesso consistente. Aqui está uma dica importante para manter suas emoções controladas e aprimorar sua jornada como trader:

Pratique a Autoconsciência Constante.

O primeiro passo para lidar eficazmente com as emoções no Day Trade é cultivar a autoconsciência constante. Isso envolve a habilidade de reconhecer e compreender suas emoções à medida que surgem, sem julgamentos. Esteja atento aos momentos em que o medo, a ganância, a ansiedade ou a euforia começam a influenciar suas decisões.

Mantenha um diário de negociações e, ao final de cada sessão, registre suas emoções predominantes durante as negociações. Anote os momentos em que você agiu impulsivamente, baseado em uma reação emocional. Ao fazer isso, você começará a identificar padrões e gatilhos emocionais que afetam sua tomada de decisões.

Além disso, pratique a autoavaliação. Pergunte a si mesmo: "Estou tomando essa decisão com base em uma análise sólida ou estou sendo influenciado por emoções do momento?" Reconhecer suas emoções é o primeiro passo para evitar que elas ditem suas ações.

Lembre-se de que a autoconsciência não é uma conquista única, mas sim uma habilidade contínua. Quanto mais você se esforçar para entender suas emoções e como elas afetam seu desempenho, mais preparado estará para controlá-las e tomar decisões racionais.

A prática consistente da autoconsciência permitirá que você entre em um estado de "observador" durante as negociações, onde você pode observar suas emoções sem ser dominado por elas. Isso lhe dará a capacidade de fazer ótimas escolhas, alinhadas com suas estratégias, em vez de reações impulsivas.

Ao desenvolver a autoconsciência, você estará fortalecendo a base para uma inteligência emocional sólida no Day Trade. Lembre-se de que a jornada para se tornar um trader bem-sucedido é tanto sobre o autoconhecimento quanto sobre as análises do mercado, e a combinação dessas duas habilidades será seu trunfo em um mercado volátil e repleto de desafios emocionais.

CAPÍTULO 2: O JOGO DA MENTE - PSICOLOGIA DO TRADER DE SUCESSO

Nos bastidores do mercado financeiro, além dos gráficos e números, existe um jogo complexo e desafiador que envolve a mente humana. A psicologia do trader é uma peça central para entender o sucesso no mundo do investimento, onde o autocontrole emocional, a disciplina e a tomada de decisões estratégicas desempenham um papel tão importante quanto o operacional utilizado. Nessa arena, o verdadeiro jogo não é contra o mercado, mas sim contra si mesmo.

O trader de sucesso compreende que seu maior adversário é a própria mente. As emoções, muitas vezes imprevisíveis e intensas, podem interferir nas decisões racionais e levar a resultados prejudiciais. O medo de perder e a ganância pelo ganho rápido podem ser influências debilitantes, capazes de afetar a análise clara e a execução ponderada. Portanto, o controle emocional é uma habilidade vital a ser dominada.

Um trader experiente entende que o mercado é inerentemente volátil e incerto. Em vez de ser pego pelo fluxo e refluxo emocional das flutuações de preços, ele busca cultivar a resiliência. Aceitar perdas como parte do jogo e não permitir que vitórias momentâneas alimentem o ego são princípios essenciais. Isso envolve manter a compostura em todas as situações e adotar uma abordagem disciplinada que seja imune às oscilações emocionais.

A tomada de decisões é o cerne do trading, e aqui é onde a psicologia se manifesta de forma mais impactante. O trader de sucesso é aquele que entende sua própria tolerância ao risco e estabelece estratégias claras de gerenciamento de risco. Ele não se deixa levar pelas emoções momentâneas, mas sim baseia suas decisões em análises detalhadas e metas realistas. A capacidade de manter a calma em situações de alta pressão e agir de acordo com um plano é o que distingue os vencedores dos perdedores.

A psicologia do trader também engloba o aprendizado contínuo e a adaptação. O mercado evolui, e um trader bem-sucedido está disposto a ajustar suas estratégias com base em mudanças nas condições. Ele analisa suas próprias ações, avalia o que funcionou e o que não funcionou e busca constantemente aprimorar suas habilidades. A capacidade de reconhecer erros e aprender com eles é um indicador de maturidade psicológica no mundo do trading.

Em suma, a psicologia do trader é uma jornada de autoconhecimento, autodomínio e adaptação constante. O trader de sucesso compreende que o verdadeiro jogo está dentro de si mesmo e que o desenvolvimento de uma mentalidade forte é tão crucial quanto a compreensão dos mercados financeiros. Ele é capaz de separar emoções de decisões, reconhecer suas fraquezas e transformá-las em pontos fortes. No final, o verdadeiro triunfo não é apenas em ganhar no mercado, mas em conquistar a batalha interna da mente.

Vou lhe contar uma história...

Era uma vez, em uma cidade movimentada, vivia um jovem chamado Rafael. Desde cedo, ele desenvolveu um fascínio pelo mundo das finanças e decidiu que se tornaria um trader de sucesso. Animado, ele mergulhou de cabeça nos estudos, aprendendo tudo sobre análise técnica, estratégias de negociação e indicadores econômicos.

No entanto, quando Rafael deu seus primeiros passos no mundo do trading, ele foi pego de surpresa pelas emoções que surgiram. A empolgação das primeiras vitórias era seguida pela frustração das perdas. Rafael se via frequentemente tomado pelo medo de perder dinheiro, o que o levava a tomar decisões impulsivas e arriscadas.

Certo dia, após uma série de perdas significativas, Rafael

decidiu buscar ajuda para dominar a psicologia do trading. Ele conheceu um trader experiente chamado Sofia, conhecida por sua tranquilidade mesmo nos momentos mais voláteis do mercado. Intrigado, Rafael procurou aprender com ela.

Sofia compartilhou sua história e revelou que sua transformação não aconteceu da noite para o dia. Ela também passou por altos e baixos emocionais, mas percebeu que a chave para o sucesso estava em controlar a própria mente. Ela sugeriu que Rafael começasse a praticar a meditação diariamente para cultivar a calma interior e a autoconsciência.

Com o tempo, Rafael notou uma mudança em sua abordagem. Ele começou a praticar a meditação e a incorporar exercícios de respiração em sua rotina. Isso o ajudou a se tornar mais consciente de suas emoções enquanto estava em uma negociação. Ele aprendeu a reconhecer quando o medo ou a ganância estavam surgindo e, em vez de agir impulsivamente, ele dava um passo atrás, respirava fundo e revisava sua estratégia.

Além disso, Rafael começou a manter um diário de negociações onde registrava suas emoções e pensamentos durante cada sessão. Com o tempo, ele começou a identificar padrões e gatilhos emocionais que afetavam suas decisões. Isso permitiu que ele ajustasse suas estratégias de acordo e evitasse armadilhas emocionais.

Conforme Rafael aplicava as lições que aprendia com

Sofia e praticava a autoconsciência, ele começou a ver uma melhoria notável em seu desempenho como trader. Sua tomada de decisões se tornou mais calma e assertiva, e ele estava começando a alcançar resultados mais consistentes. Ele não deixava que as perdas o derrubassem, em vez disso, as via como oportunidades de aprendizado.

Com o tempo, Rafael se transformou em um trader resiliente e disciplinado. Ele havia conquistado não apenas as técnicas operacionais e estratégias, mas também a habilidade de controlar suas emoções. Sua jornada não foi fácil, mas ele percebeu que o verdadeiro jogo não era contra o mercado, mas sim contra sua própria mente. E com a prática contínua da psicologia do trading, ele estava ganhando a batalha interna e colhendo os frutos do sucesso no mundo do investimento.

Dica Essencial: Cultive a Resiliência Emocional no Trading.

No emocionante mundo do trading, a resiliência emocional é uma das habilidades mais valiosas que um trader pode desenvolver. Aqui está uma dica importante para ajudar você a cultivar essa resiliência e enfrentar os desafios da psicologia do trading de maneira eficaz:

Construa um Ritual de Mindfulness Antes das Negociações.

Antes de entrar no mercado, reserve um tempo

para praticar um ritual de mindfulness. A meditação, a respiração consciente ou qualquer técnica de relaxamento que funcione para você pode ser útil. Esse ritual tem o propósito de acalmar sua mente, reduzir o estresse e aumentar sua autoconsciência.

Durante essa prática, concentre-se em sua respiração e observe suas emoções sem julgamento. Se surgirem pensamentos de ansiedade ou ganância, não lute contra eles. Em vez disso, reconheça-os e permita que eles passem, trazendo sua atenção de volta ao momento presente.

Esse ritual de mindfulness atua como um "ponto de pausa" entre suas emoções e suas ações no trading. Ele ajuda a criar uma separação entre os sentimentos intensos do momento e suas decisões racionais. Com a prática, você ganhará a capacidade de responder às situações com calma, em vez de reagir impulsivamente.

Lembre-se de que a resiliência emocional não é conquistada da noite para o dia. Assim como qualquer habilidade, ela requer prática constante. Com o tempo, você notará que está mais apto a enfrentar as flutuações do mercado sem ser dominado pelas emoções. A construção de um ritual de mindfulness antes das negociações se tornará uma ferramenta confiável para ancorar sua mente e permitir que você tome decisões mais informadas e ponderadas.

CAPÍTULO 3:
ESTRATÉGIAS DE
GESTÃO EMOCIONAL

O Day Trade é um jogo emocionante e desafiador, onde a habilidade de gerenciar as emoções é tão crucial quanto a capacidade de analisar gráficos e identificar tendências. No calor do momento, as emoções podem se tornar aliadas valiosas ou adversárias perigosas. Dominar as estratégias de gestão emocional é essencial para o sucesso consistente no mundo do trading.

Uma das principais estratégias de gestão emocional no Day Trade é o desenvolvimento de uma mentalidade orientada para a aceitação. Isso envolve reconhecer que perdas fazem parte do jogo e que cada negociação não precisa ser uma vitória. A aversão à perda pode levar a decisões impulsivas para evitar um resultado negativo, mas um trader emocionalmente inteligente entende que, em alguns casos, é mais sábio sair de uma negociação e limitar a perda do que arriscar tudo em uma recuperação improvável.

Além disso, é fundamental estabelecer regras claras de gerenciamento de risco. Determinar o valor máximo que você está disposto a arriscar em cada negociação ajuda a limitar as perdas e a manter as emoções sob controle. Isso impede que a ganância o leve a assumir riscos excessivos, e o medo de perder não irá paralisá-lo.

Outra estratégia importante é criar um plano de negociação sólido e segui-lo à risca. Quando as emoções começam a interferir, o plano serve como um guia objetivo. Defina metas de lucro e limite de perda para cada negociação e siga-os rigorosamente. Essas metas ajudam a evitar que você se deixe levar pelo impulso de ganância, ao mesmo tempo em que limitam o impacto das perdas emocionais.

O autoconhecimento também desempenha um papel crucial na gestão emocional. Esteja ciente de suas próprias reações emocionais a situações de ganho e perda. Manter um diário de negociações onde você registra suas emoções e pensamentos durante as sessões pode ajudar a identificar padrões emocionais. Com o tempo, você estará mais preparado para reconhecer quando está prestes a agir impulsivamente e poderá tomar medidas para evitar isso.

Por fim, criar uma rotina de relaxamento e recuperação após cada sessão de trading é vital. O estresse e a tensão emocional podem se acumular ao longo do dia, prejudicando seu desempenho futuro. Dedique um tempo para relaxar, praticar exercícios de respiração ou meditação e desvincular-se das emoções do trading. Isso ajuda a restaurar sua clareza mental e a começar cada nova sessão com uma mente equilibrada.

Em resumo, as estratégias de gestão emocional no Day Trade são fundamentais para um trading bem-sucedido e consistente. Desenvolver uma mentalidade orientada para a aceitação, estabelecer regras de gerenciamento de risco, seguir um plano de negociação, praticar o autoconhecimento e adotar rotinas de relaxamento são passos essenciais para manter as emoções sob controle e permitir que sua análise e estratégias orientem suas decisões.

Vou lhe contar uma história...

Era uma vez um jovem chamado Miguel, que sonhava em se tornar um trader de sucesso. Ele estava determinado a dominar as complexidades do Day Trade, mas logo percebeu que as emoções eram um desafio mais difícil do que qualquer operacional. Suas primeiras semanas de trading foram marcadas por altos e baixos emocionais intensos.

Miguel muitas vezes se via dominado pela ganância após uma série de vitórias. Ele se sentia invulnerável e estava disposto a arriscar mais para ganhar mais. No entanto, essas decisões frequentemente o levavam a perdas maiores, deixando-o frustrado e confuso.

Em contraste, quando enfrentava perdas, o medo tomava conta de Miguel. Ele entrava em pânico e muitas vezes saía de negociações lucrativas prematuramente, com medo de perder ainda mais. Essa falta de autocontrole estava prejudicando sua confiança e engolindo sua conta de trading.

Certo dia, Miguel conheceu um trader experiente chamado Clara. Ela também havia passado por esses desafios emocionais e entendia a importância da gestão emocional no Day Trade. Ela compartilhou com Miguel a história de sua própria jornada de autodescoberta e equilíbrio emocional.

Clara ensinou a Miguel algumas estratégias práticas. Ela o incentivou a criar um plano de negociação detalhado, incluindo metas de lucro e limites de perda para cada negociação. Além disso, ela aconselhou Miguel a manter um diário de negociações, onde ele poderia registrar suas emoções e pensamentos após cada sessão. Essa prática ajudaria Miguel a identificar os padrões emocionais que estavam afetando suas decisões.

Outra lição importante que Clara compartilhou foi a importância do autocontrole e da autodisciplina. Ela incentivou Miguel a praticar a meditação diariamente para desenvolver a capacidade de reconhecer suas emoções no calor do momento. Isso daria a ele a pausa necessária entre a emoção e a ação, permitindo-lhe tomar decisões mais racionais.

Com o tempo, Miguel começou a implementar essas estratégias em sua jornada como trader. Ele encontrou um equilíbrio entre a empolgação das vitórias e o medo das perdas. Ele também aprendeu a aceitar que perdas faziam parte do processo e a não permitir que elas o afetassem emocionalmente.

À medida que Miguel praticava a meditação e se tornava mais autoconsciente, ele notou uma mudança significativa em seu comportamento. Ele estava se tornando mais confiante em suas análises e menos suscetível a reações impulsivas. Suas decisões estavam se tornando mais ponderadas.

Com o tempo, Miguel se transformou de um trader emocionalmente instável em um trader equilibrado e disciplinado. Ele percebeu que o verdadeiro jogo não era apenas sobre os números, mas sobre dominar sua própria mente. Sua jornada demonstra a importância das estratégias de gestão emocional no Day Trade, provando que, com paciência e prática, é possível superar as emoções e alcançar o sucesso consistente.

Dica Crucial: Pratique a Autoconsciência Constante Durante as Negociações.

No mundo do Day Trade, onde decisões rápidas e precisas são a norma, a autoconsciência constante é uma ferramenta poderosa para enfrentar os desafios emocionais. Aqui está uma dica crucial para ajudar você a cultivar a autoconsciência durante as negociações:

Faça Pausas Regulares para Avaliação Emocional.

Durante o dia de trading, reserve momentos regulares

para fazer pausas curtas. Essas pausas não são apenas para descansar os olhos e a mente, mas também para fazer uma verificação emocional. Afaste-se dos gráficos por alguns minutos e feche os olhos.

Pergunte a si mesmo como você está se sentindo. Existe ansiedade, euforia, medo ou ganância? Observe qualquer tensão física em seu corpo, como mãos trêmulas ou batimentos cardíacos acelerados. Essas sensações podem indicar emoções que podem estar afetando suas decisões.

Ao praticar essa avaliação emocional regularmente, você se tornará mais consciente das flutuações emocionais que ocorrem durante as negociações. Isso permitirá que você identifique emoções prejudiciais que estão prestes a influenciar suas decisões.

Além disso, durante essas pausas, pratique técnicas de respiração profunda ou meditação por alguns minutos. Isso ajudará a acalmar a mente e a restaurar o equilíbrio emocional. Lembre-se de que a clareza mental é fundamental para tomar as melhores decisões.

Essa prática de avaliação emocional não apenas ajuda a evitar a reação impulsiva, mas também contribui para o autoconhecimento contínuo. Com o tempo, você entenderá melhor suas próprias tendências emocionais e desenvolverá a capacidade de controlá-las de maneira mais eficaz.

Ao integrar pausas regulares para avaliação emocional

em sua rotina de trading, você estará construindo a autoconsciência necessária para enfrentar os desafios emocionais do Day Trade. Essa dica não apenas aprimora sua capacidade de gerenciar suas emoções, mas também fortalece sua tomada de decisões e contribui para um desempenho mais consistente e bem-sucedido no mercado financeiro.

CAPÍTULO 4: APRENDENDO COM A HISTÓRIA - ESTUDOS DE CASO EMBLEMÁTICOS

O mundo do Day Trade é um ambiente dinâmico e complexo, onde as emoções desempenham um papel central nas decisões dos traders. O equilíbrio entre o operacional e a gestão emocional é fundamental para o sucesso nesse campo. Vários estudos de caso emblemáticos destacam a interseção entre as emoções e o Day Trade, demonstrando como as escolhas emocionais podem impactar os resultados financeiros.

Estudo de Caso 1: A Armadilha da Ganância.

João era um trader ambicioso que havia tido um sucesso notável em suas primeiras negociações. No entanto, após uma série de vitórias, a ganância o dominou. Ele começou a assumir riscos excessivos e entrar em negociações sem análises adequadas, esperando lucros ainda maiores. Infelizmente, suas ações impulsivas resultaram em perdas substanciais. A armadilha da ganância o levou a ignorar sua estratégia e a confiar em seus sentimentos momentâneos de euforia, prejudicando seu desempenho geral.

Estudo de Caso 2: O Medo Paralisante.

Maria, uma trader experiente, estava enfrentando dificuldades após uma série de perdas. Seu medo de perder mais dinheiro a paralisou, e ela começou a evitar negociações potencialmente lucrativas. Embora ela conhecesse as estratégias e tivesse habilidades analíticas, suas emoções negativas a impediram de agir. Eventualmente, Maria começou a hesitar em suas decisões, causando perdas maiores e prejudicando sua confiança.

Estudo de Caso 3: A Importância do Equilíbrio.

Carlos, um trader bem-sucedido, demonstrou a importância de equilibrar o operacional com a gestão emocional. Ele desenvolveu um sistema de trading sólido e sempre praticava autoconsciência durante as negociações. Carlos sabia que, embora as emoções fossem inevitáveis, permitir que elas tomassem o controle comprometeria seus resultados. Ele reconhecia quando a ganância ou o medo estavam surgindo e tomava medidas para controlá-los. Sua abordagem equilibrada resultou em decisões racionais e um histórico de sucesso notável.

Estudo de Caso 4: O Impacto da Euforia.

Patrícia, uma trader novata, teve uma sequência surpreendentemente boa de negociações lucrativas. A euforia a levou a se sentir invulnerável e a correr riscos cada vez maiores. No entanto, essa sensação de onipotência a cegou para os riscos reais, resultando em perdas substanciais quando o mercado se voltou contra ela. Esse estudo de caso destaca a importância de manter os pés no chão mesmo em momentos de sucesso aparente.

Estudo de Caso 5: A Transformação Pela Autoconsciência.

Pedro era conhecido por suas emoções voláteis durante as negociações. No entanto, ele decidiu fazer mudanças. Ele começou a praticar a meditação regularmente e a manter um diário de negociações para registrar suas emoções. Com o tempo, Pedro notou que suas decisões impulsivas estavam diminuindo, e ele estava se tornando mais consciente de seus gatilhos emocionais. Esse estudo de caso destaca como a autoconsciência pode transformar um trader emocionalmente reativo em um trader mais disciplinado.

Estudo de Caso 6: A Importância da Adaptação Emocional.

Sofia era uma trader experiente que sempre confiava em sua intuição. No entanto, ela enfrentou um período em que suas decisões emocionais estavam levando a perdas. Ela percebeu que seu comportamento estava sendo influenciado por problemas pessoais fora do trading. Ao enfrentar essas questões e reconhecer como elas estavam afetando suas emoções, Sofia foi capaz de ajustar sua abordagem emocional e recuperar sua consistência nos resultados.

Estudo de Caso 7: O Poder da Paciência.

Rafael tinha o hábito de entrar em negociações impulsivas com base em rumores ou notícias momentâneas. Isso muitas vezes resultava em perdas, já que suas decisões não eram fundamentadas em análises sólidas. Depois de sofrer algumas perdas significativas, Rafael decidiu mudar sua abordagem. Ele começou a esperar por confirmações e a fazer análises detalhadas antes de agir. Sua paciência foi recompensada, e ele começou a obter resultados mais consistentes.

Estudo de Caso 8: Lidando com a Pressão Externa.

Carla era uma trader que enfrentava pressões de amigos e familiares para ter sucesso. Essa pressão externa a fazia tomar decisões arriscadas em busca de resultados rápidos. Eventualmente, as perdas acumularam, e Carla teve que reavaliar suas prioridades. Ao se libertar das expectativas externas e focar em suas próprias metas e estratégias, ela conseguiu reduzir as influências emocionais negativas e melhorar seu desempenho.

Estudo de Caso 9: Encontrando Equilíbrio entre

Intuição e Análise.

Marcela era uma trader que frequentemente seguia sua intuição. Embora isso a tivesse levado a algumas vitórias, também a deixava vulnerável a decisões emocionais. Com o tempo, ela aprendeu a equilibrar sua intuição com análises técnicas sólidas. Ao perceber quando confiar em sua intuição e quando depender de análises, ela aprimorou sua abordagem emocional e melhorou seus resultados.

Estudo de Caso 10: O Desafio da Autoconfiança.

Paulo tinha uma abordagem muito conservadora devido a uma falta de autoconfiança. Ele frequentemente hesitava em entrar em negociações, com medo de perder. No entanto, ao trabalhar sua autoestima e habilidades de análise, Paulo ganhou mais confiança em suas decisões. Ele aprendeu a confiar em suas análises e a enfrentar riscos calculados. Esse estudo de caso ressalta como a autoconfiança é essencial para lidar com as emoções do trading.

Todos esses estudos de caso ilustram como as emoções podem ser tanto aliadas quanto obstáculos no Day Trade. A ganância e o medo são inimigos comuns, mas a gestão emocional adequada pode transformá-los em ferramentas valiosas. Carlos exemplifica a importância de equilibrar emoções com análise e autocontrole, enquanto João e Maria ressaltam os perigos da impulsividade emocional.

A psicologia do Day Trade não pode ser subestimada. O autoconhecimento, a disciplina e a prática constante são as chaves para garantir que as emoções não comprometam o sucesso. Esses estudos de caso emblemáticos servem como lembretes de que, no mundo volátil do trading, dominar a mente é tão crucial quanto dominar as estratégias técnicas.

Dica Essencial: Pratique a Simulação Emocional Antecipada.

Uma das estratégias mais poderosas para lidar com as emoções no Day Trade é a prática da simulação emocional antecipada. Essa técnica envolve imaginar situações emocionais que podem surgir durante as negociações e preparar-se mentalmente para lidar com elas de maneira equilibrada e informada.

Visualize Diferentes Cenários Emocionais.

Antes de entrar em uma negociação, reserve alguns momentos para visualizar diferentes cenários emocionais que podem ocorrer. Imagine uma negociação que está se movendo a seu favor, trazendo sentimentos de ganância. Em seguida, imagine uma negociação que está indo contra você, despertando sentimentos de medo.

Durante essa simulação, pratique a autoconsciência e a gestão emocional. Visualize-se reconhecendo as emoções no momento em que elas surgem. Imagine-se respirando fundo e dando um passo atrás para avaliar racionalmente a situação. Pergunte a si mesmo se suas decisões estão sendo influenciadas pela emoção ou pela análise objetiva.

Ao praticar essa simulação emocional antecipada, você estará treinando sua mente para lidar eficazmente com as emoções no calor do momento. Isso cria um "roteiro mental" que orienta suas respostas emocionais, permitindo que você tome decisões mais ponderadas e baseadas na análise, em vez de reações impulsivas.

Lembre-se de que a prática é a chave. Quanto mais você se exercitar visualizando diferentes cenários emocionais e praticando a resposta calma e informada, mais natural será a aplicação dessa estratégia durante as negociações reais. A simulação emocional antecipada pode ser um escudo valioso contra as influências emocionais prejudiciais, permitindo que você negocie com confiança e disciplina.

CAPÍTULO 5: OS SEGREDOS DO TRADING COM BASE NAS EMOÇÕES

No fascinante mundo do trading, onde os mercados flutuam e as oportunidades surgem a cada segundo, os segredos do sucesso muitas vezes têm raízes profundas nas emoções dos traders. Por trás dos gráficos e números, a interação complexa entre as emoções e as decisões de negociação desempenha um papel vital. Aqui, desvendamos os segredos do trading baseados nas emoções, revelando como dominar essa dinâmica pode ser a chave para um desempenho notável.

Segredo 1: Autoconhecimento e Autodomínio.

O primeiro segredo é a busca constante pelo autoconhecimento e autodomínio. Traders bem-sucedidos entendem que a jornada começa dentro de si mesmos. Eles se esforçam para entender suas emoções, reconhecendo as tendências de ganância, medo e impulsividade que podem surgir durante as negociações. Ao identificar esses padrões, eles têm a capacidade de controlar suas reações emocionais e tomar decisões informadas em vez de ceder a impulsos momentâneos.

Segredo 2: Estratégias de Gestão Emocional.

O segundo segredo reside nas estratégias de gestão emocional. Um trader que não controla suas emoções está fadado a tomar decisões impulsivas. Traders de sucesso aprendem a criar regras claras de gerenciamento de risco e a seguir um plano de negociação sólido. Eles entendem que as perdas são inevitáveis e que o controle emocional é uma proteção contra o impacto negativo das flutuações do mercado.

Segredo 3: O Poder da Paciência e Disciplina.

A paciência e a disciplina são os segredos seguintes. Traders que cedem à ganância buscam resultados instantâneos e tomam riscos desnecessários. Aqueles que são governados pelo medo frequentemente perdem oportunidades por hesitação excessiva. A paciência permite que você espere por configurações de negociação ideais, enquanto a disciplina ajuda a seguir suas regras de negociação, independentemente das emoções momentâneas.

Segredo 4: A Arte da Adaptação Emocional.

A adaptação emocional é outro segredo vital. Os mercados são voláteis e imprevisíveis. Traders de sucesso entendem que suas estratégias devem se adaptar às mudanças nas condições do mercado. Eles não ficam emocionalmente presos a uma única abordagem e estão dispostos a ajustar suas táticas de acordo com as circunstâncias.

Segredo 5: Compreensão das Armadilhas Emocionais.

Os traders mais bem-sucedidos são mestres em evitar as armadilhas emocionais. Eles reconhecem que a ganância pode obscurecer sua análise objetiva, que o medo pode paralisar a ação e que a euforia pode levar a decisões descuidadas. Ao entender essas armadilhas, eles estão preparados para enfrentá-las e resistir aos impulsos que podem prejudicar suas negociações.

Segredo 6: Cultivo da Resiliência.

Por fim, o cultivo da resiliência é um segredo fundamental. O trading é uma jornada repleta de altos e baixos. Traders de sucesso não permitem que as perdas os abalem emocionalmente. Eles veem as derrotas como oportunidades de aprendizado e desenvolvimento. Essa resiliência emocional os capacita a enfrentar desafios sem se perderem em emoções negativas.

Em conclusão, os segredos do trading com base nas emoções revelam que a compreensão e a gestão das emoções são tão vitais quanto às estratégias de análise técnica. Traders de sucesso entendem que o equilíbrio entre razão e emoção é o cerne de uma abordagem bem-sucedida no mercado financeiro. Ao adotar o autoconhecimento, a paciência, a disciplina e a resiliência, eles não apenas navegam nas complexidades do trading, mas também desvendam os segredos ocultos que podem levar a resultados consistentes e duradouros.

Vou lhe contar uma história...

Havia um jovem chamado André que sonhava em se tornar um trader de sucesso. Fascinado pelo mercado financeiro, ele mergulhou de cabeça nos estudos, aprendendo tudo sobre análise técnica, gráficos e indicadores. No entanto, ele logo percebeu que o trading não era apenas sobre números, mas também sobre emoções.

No início de sua jornada, André era governado pela ganância. Cada pequeno lucro o enchia de entusiasmo, e ele estava sempre ansioso para ganhar mais. No entanto, essa abordagem o levou a assumir riscos desnecessários, e as perdas começaram a se acumular. Ele se encontrou em uma situação difícil, emocionalmente abalado pelas derrotas.

Um dia, durante uma palestra sobre psicologia do trading, André conheceu um trader experiente chamado Laura. Ela compartilhou sua própria jornada, cheia de altos e baixos emocionais, e explicou como ela havia dominado suas emoções ao longo do tempo. Intrigado, André procurou aprender com ela.

Laura aconselhou André a praticar a meditação diariamente. Ela explicou que isso ajudaria a acalmar sua mente e a desenvolver autoconsciência sobre suas emoções durante as negociações. Com o tempo, ele aprenderia a reconhecer quando a ganância estava influenciando suas decisões e quando o medo estava o impedindo de agir.

Com dedicação, André começou a praticar a meditação e a incorporar exercícios de respiração em sua rotina diária. Ele também começou a manter um diário de negociações, onde registrava suas emoções e pensamentos após cada sessão. Isso o ajudou a identificar padrões emocionais que afetavam suas decisões.

Um ponto de virada aconteceu quando André enfrentou uma grande perda. Em vez de se deixar levar pela frustração e desespero, ele se afastou dos gráficos por um momento, respirou fundo e revisitou sua estratégia. Ele percebeu que estava prestes a tomar uma decisão impulsiva baseada no medo, mas, com sua nova habilidade de autocontrole, conseguiu evitar a armadilha emocional.

Com o tempo, André aprendeu a equilibrar suas emoções com sua análise. Ele percebeu que não poderia eliminar as emoções, mas poderia controlar como reagia a elas. Sua abordagem ao trading se tornou mais disciplinada, paciente e informada. Ele não deixava mais que a ganância ofuscasse sua visão ou que o medo paralisasse sua ação.

Ao longo dos meses, André começou a colher os frutos

de sua jornada de autodescoberta. Sua consistência melhorou, suas perdas diminuíram e seus lucros se tornaram mais estáveis. Ele tinha se transformado de um trader emocionalmente impulsivo em um trader equilibrado e disciplinado, capaz de enfrentar os altos e baixos do mercado com uma mentalidade resiliente.

A história de André destaca a importância das emoções no mundo do trading e como a gestão emocional pode fazer a diferença entre o sucesso e o fracasso. Sua jornada exemplifica como o autoconhecimento, a paciência e o controle emocional são segredos valiosos para enfrentar os desafios do mercado financeiro e alcançar o tão desejado sucesso como trader.

Dica Essencial: Mantenha um Diário Emocional de Trading.

Uma das dicas mais valiosas para lidar com as emoções no trading é manter um diário emocional de suas sessões de negociação. Isso não apenas permite que você registre seus resultados financeiros, mas também oferece insights profundos sobre suas reações emocionais durante as negociações.

Registre Emoções e Análises após Cada Sessão.

Após cada sessão de negociação, dedique um tempo para escrever em seu diário. Anote não apenas os detalhes das negociações, mas também como você se sentiu em diferentes momentos. Identifique emoções como ganância, medo, confiança e frustração. Descreva como essas emoções afetaram suas decisões e como elas evoluíram ao longo da sessão.

Além disso, escreva sobre as análises que você fez antes de cada negociação. Isso permitirá que você veja se suas decisões foram influenciadas mais por fatores emocionais ou por análises sólidas. Reflita sobre as negociações que deram certo e aquelas que resultaram em perdas. O que você aprendeu com cada uma delas em termos de controle emocional?

Com o tempo, esse diário se tornará uma ferramenta valiosa para entender suas próprias reações emocionais e padrões. Você poderá identificar quais situações desencadeiam determinadas emoções e como elas impactam suas decisões. Com esses insights, você estará mais bem equipado para tomar medidas para gerenciar suas emoções de maneira mais eficaz.

Além disso, ao reler seu diário emocional ao longo do tempo, você poderá acompanhar seu próprio progresso. Você verá como suas habilidades de gestão emocional estão evoluindo e como suas decisões estão se tornando mais equilibradas. Essa autoavaliação contínua é um passo crucial para aprimorar suas habilidades emocionais no trading.

Portanto, comece hoje mesmo a manter um diário emocional de trading. Ele não apenas servirá como um registro valioso de sua jornada, mas também como um guia prático para aprimorar sua gestão emocional, construir resiliência e, por fim, alcançar um desempenho mais consistente e bem-sucedido no mercado financeiro.

CAPÍTULO 6: A CIÊNCIA POR TRÁS DAS EMOÇÕES NO MERCADO FINANCEIRO

No universo complexo do mercado financeiro, onde bilhões de reais são negociados a cada instante, as emoções desempenham um papel tão crucial quanto os valores movimentados. A ciência por trás das emoções no mercado financeiro revela um intrincado jogo entre psicologia humana e tomada de decisões, moldando o comportamento dos traders e influenciando diretamente os resultados financeiros. Nesta exploração, vamos desvendar como as emoções operam nos bastidores do mercado financeiro e como a compreensão dessa ciência pode se traduzir em estratégias mais eficazes.

A Psicologia das Massas e a Herança Evolutiva.

A ciência mostra que as emoções no mercado financeiro muitas vezes são amplificadas pela psicologia das massas. A tendência dos traders a seguir a multidão é enraizada em nossa herança evolutiva, quando a conformidade ao grupo era vital para a sobrevivência. No entanto, esse comportamento pode levar a bolhas especulativas e pânicos de mercado. A euforia irracional durante os picos de alta e o medo avassalador durante os colapsos são exemplos vívidos dessa interação entre emoções e psicologia das massas.

A Amígdala e a Tomada de Decisões Emocionais.

No nível neurocientífico, a amígdala é uma região do cérebro que desempenha um papel central nas emoções e na tomada de decisões. Durante situações de estresse e incerteza, como negociações financeiras, a amígdala pode ser hiperativada, levando a respostas emocionais impulsivas. A ganância, o medo e a aversão à perda são emoções que muitas vezes têm suas raízes na ativação da amígdala. Compreender essa dinâmica neurobiológica ajuda os traders a reconhecer e controlar reações emocionais prejudiciais.

O Viés de Confirmação e a Racionalização Pós-Decisão.

Outro aspecto intrigante da ciência das emoções no mercado financeiro é o viés de confirmação. Esse viés psicológico leva os traders a buscar informações que confirmam suas crenças pré-existentes, ignorando informações contraditórias. Isso pode levar a decisões tendenciosas e a uma análise seletiva. Além disso, após a tomada de decisão, os traders muitas vezes se envolvem na racionalização pós-decisão, justificando suas escolhas para proteger seu ego e autoimagem.

A Importância da Educação Emocional.

A ciência por trás das emoções no mercado financeiro destaca a importância da educação emocional para os traders. Compreender como as emoções são geradas, como afetam as decisões e como podem ser controladas é fundamental para o sucesso. Traders que dominam a arte de reconhecer e gerenciar suas próprias emoções têm uma vantagem significativa, pois podem tomar decisões mais informadas e racionais em meio a situações voláteis.

Em conclusão, a ciência por trás das emoções no mercado financeiro é uma área fascinante que explora a mente humana e sua influência no comportamento dos traders. Reconhecer a interação complexa entre psicologia, neurociência e tomada de decisões é crucial para aprimorar as habilidades emocionais dos traders. Aqueles que exploram essa ciência e aplicam estratégias de gestão emocional têm a oportunidade de não apenas entender o mercado financeiro, mas também de compreender a si mesmos de maneiras mais profundas e enriquecedoras.

Vou lhe contar uma história...

Era uma vez um jovem chamado Gabriel, fascinado pelo mundo dos investimentos e pelo mercado financeiro.

Desde criança, ele sonhava em se tornar um trader de sucesso, imaginando-se tomando decisões ousadas e lucrando com os altos e baixos do mercado. Ele estudou incansavelmente análises técnicas, estratégias de negociação e indicadores econômicos, achando que isso seria suficiente para garantir o sucesso.

Gabriel finalmente decidiu entrar no mundo do trading. Ele abriu uma conta de negociação online e começou a se envolver no mercado financeiro. Nos primeiros meses, teve algumas vitórias impressionantes. No entanto, também experimentou perdas consideráveis, e seu entusiasmo inicial começou a se transformar em frustração.

Conforme Gabriel continuava negociando, ele percebeu que suas emoções estavam desempenhando um papel muito maior do que ele imaginava. Ele sentiu uma onda de euforia quando suas negociações estavam indo bem, e a ganância o fez correr riscos maiores do que deveria. Por outro lado, quando suas negociações não estavam indo conforme o planejado, o medo e a ansiedade o paralisavam, fazendo-o hesitar em agir.

Certo dia, enquanto lia sobre psicologia do trading, Gabriel encontrou um artigo que falava sobre a importância da autoconsciência emocional. Ele percebeu que não estava sozinho em suas lutas emocionais e que muitos traders enfrentavam desafios semelhantes. Intrigado, Gabriel começou a se aprofundar na compreensão das emoções e como elas influenciavam suas decisões.

Decidiu então adotar uma abordagem diferente. Antes de cada negociação, ele reservava um tempo para meditar e refletir sobre como se sentia naquele momento. Ele identificou gatilhos emocionais, como a necessidade de recuperar perdas rapidamente ou a tentação de seguir as multidões. Conforme ele praticava essa autoconsciência, começou a notar uma mudança em seu comportamento durante as negociações.

Gabriel também começou a manter um diário de negociações, onde registrava suas emoções, pensamentos e os resultados de cada sessão. Isso o ajudou a identificar padrões emocionais recorrentes e a entender como suas reações afetavam suas decisões. Ele notou que, ao observar o diário ao longo do tempo, podia ver seu próprio crescimento emocional e aprimoramento.

Com o tempo, Gabriel desenvolveu uma abordagem mais equilibrada para o trading. Ele percebeu que suas emoções eram parte integrante do processo, mas ele tinha o poder de controlar como reagia a elas. A autoconsciência emocional se tornou sua maior aliada. Ele não deixava mais a euforia nublar seu julgamento nem o medo paralisar sua ação. Ele era um trader consciente, capaz de tomar decisões racionais.

À medida que os meses passavam, Gabriel notava uma melhoria constante em seus resultados. Suas perdas diminuíram, e seus lucros se tornaram mais consistentes. Ele havia desvendado o segredo das emoções no mercado financeiro e como usá-las a seu favor. Sua jornada de autoconhecimento o transformou de um trader impulsivo em um trader consciente e disciplinado, capaz de enfrentar os desafios do mercado com confiança.

A história de Gabriel exemplifica como a jornada do autoconhecimento e da gestão emocional pode transformar um trader. Ao entender e abraçar as emoções, ele não apenas melhorou suas habilidades de trading, mas também se tornou mais consciente de si mesmo e de suas reações emocionais em outras áreas da vida. Essa história inspira a busca pela compreensão emocional e destaca que, no mercado financeiro, o poder da mente é um recurso inestimável.

Cultive a Resiliência Emocional.

Uma das dicas mais valiosas para enfrentar as emoções no mercado financeiro é cultivar a resiliência emocional. A resiliência permite que você se recupere rapidamente das derrotas, mantenha a clareza mental e continue avançando, mesmo quando as condições são desafiadoras.

Aceite as Perdas e Aprenda com Elas.

As perdas fazem parte inerente do trading. Em vez de vê-las como fracasso, encare-as como oportunidades de aprendizado. Cada perda contém lições valiosas que podem aprimorar sua estratégia e habilidades emocionais. A resiliência emocional surge quando você aceita as perdas como parte do processo e usa-as para se tornar um trader mais experiente.

Pratique o Autocontrole em Momentos de Tensão.

Momentos de tensão e volatilidade são inevitáveis no mercado financeiro. A resiliência emocional é demonstrada quando você pratica o autocontrole durante esses momentos críticos. Respire fundo, dê um passo atrás e avalie racionalmente a situação. Evite reações impulsivas baseadas no medo ou na euforia. O autocontrole é um poderoso escudo contra decisões precipitadas que podem resultar em perdas.

Mantenha uma Perspectiva de Longo Prazo.

A resiliência emocional também envolve manter uma perspectiva de longo prazo. Em um mercado volátil, os altos e baixos são inevitáveis. Manter o foco em seus objetivos de longo prazo ajuda a minimizar o impacto emocional das flutuações diárias. Lembre-se de que uma série de perdas não define sua carreira como trader, assim como uma série de vitórias não garante o sucesso contínuo.

Cuide de sua Saúde Mental.

A resiliência emocional é alimentada por uma boa saúde mental. Pratique o autocuidado, incluindo exercícios físicos, alimentação saudável, sono adequado e momentos de relaxamento. A saúde mental fortalecida ajuda a lidar melhor com o estresse e a pressão do trading. Converse com outros traders, busque orientação profissional, e lembre-se de que não há vergonha em buscar ajuda quando necessário.

Aprenda com a História e a Experiência.

A história do mercado financeiro está repleta de altos e baixos. A resiliência emocional é nutrida quando você estuda a história do mercado, aprendendo com os erros e sucessos de outros traders. Além disso, sua própria experiência é uma fonte valiosa de aprendizado. Avalie suas decisões passadas, identifique padrões emocionais e ajuste sua abordagem conforme necessário.

Cultivar a resiliência emocional é um processo contínuo que exige paciência e autodisciplina. No entanto, essa habilidade é o que permite que os traders enfrentem os desafios emocionais do mercado com calma, confiança e determinação. Ao desenvolver a resiliência emocional, você não apenas melhora seu desempenho no trading, mas também constrói uma base sólida para lidar com as complexidades emocionais da vida em geral.

CAPÍTULO 7: O CAMINHO PARA O EQUILÍBRIO EMOCIONAL NO DAY TRADE

O mundo do day trade é repleto de desafios e oportunidades, e um dos elementos mais cruciais para o sucesso nesse campo conforme já falamos por diversas vezes é o equilíbrio emocional. A habilidade de controlar e gerenciar emoções é tão importante quanto o operacional que você utiliza. Nesta exploração profunda, examinaremos o caminho para alcançar o equilíbrio emocional no day trade, destacando as etapas essenciais e as estratégias que podem ser adotadas para enfrentar os altos e baixos emocionais desse ambiente volátil.

Compreendendo as Emoções no Day Trade.

Antes de iniciar a jornada em direção ao equilíbrio

emocional, é fundamental compreender a natureza das emoções no day trade. A ganância, o medo, a euforia e o desespero são sentimentos que podem surgir em questão de segundos, à medida que os traders lidam com os resultados imprevisíveis das negociações. Reconhecer que essas emoções são normais e que todos os traders as experienciam em algum momento é o primeiro passo para construir uma base emocional sólida.

Autoconhecimento: O Pilar do Equilíbrio Emocional.

O autoconhecimento é o pilar fundamental para alcançar o equilíbrio emocional. Isso envolve uma profunda exploração de si mesmo para identificar gatilhos emocionais, padrões comportamentais e reações automáticas. Um trader que conhece suas próprias fraquezas e tendências emocionais está melhor preparado para enfrentar os desafios emocionais do day trade.

O autoconhecimento é construído por meio da reflexão constante e do monitoramento das emoções durante as negociações. Manter um diário emocional, onde as emoções, decisões e resultados são registrados, ajuda a identificar padrões e áreas que precisam de atenção. Com o tempo, essa prática permite que o trader antecipe e controle melhor suas reações emocionais.

Estabelecendo uma Estratégia de Gestão Emocional.

Assim como uma estratégia de negociação é essencial para o sucesso no day trade, uma estratégia de gestão emocional é crucial para o equilíbrio emocional. Isso envolve definir regras claras para lidar com as emoções durante as negociações. Por exemplo, estabelecer limites de perda e ganho pode ajudar a evitar que a ganância ou o medo assumam o controle.

A estratégia de gestão emocional também pode incluir pausas regulares durante as negociações. Momentos de reflexão e respiração profunda podem ajudar a manter a calma em momentos de estresse. Além disso, ter um plano de ação para lidar com situações emocionais extremas, como uma grande perda, pode evitar decisões impulsivas movidas pelo desespero.

A Importância da Disciplina e Paciência.

A disciplina e a paciência são duas virtudes essenciais no caminho para o equilíbrio emocional. Um trader disciplinado segue sua estratégia de negociação e gestão emocional, independentemente das flutuações do mercado. A paciência permite esperar por oportunidades ideais e evita a pressa em decisões impulsivas.

A disciplina e a paciência também estão interligadas à autoconfiança. Um trader confiante em sua estratégia é menos propenso a ser influenciado pelas oscilações emocionais do mercado. A confiança não apenas fortalece o equilíbrio emocional, mas também ajuda na tomada de decisão.

Aprendendo com as Experiências.

A jornada para o equilíbrio emocional no day trade é marcada por experiências que ensinam lições valiosas. Cada vitória e cada derrota são oportunidades para aprender mais sobre si mesmo e suas emoções. Em vez de ser desencorajado pelas perdas, um trader emocionalmente equilibrado vê cada resultado como um degrau na escada do progresso.

Ao analisar as experiências, um trader pode ajustar sua estratégia de gestão emocional e descobrir novas maneiras de lidar com situações desafiadoras. Essa abordagem de aprendizado contínuo transforma as emoções de obstáculos para trampolins de crescimento.

A Busca Perpétua pelo Equilíbrio.

É importante lembrar que alcançar o equilíbrio emocional no day trade é uma busca perpétua, não um destino final. Os mercados são voláteis e imprevisíveis, e as emoções sempre farão parte da equação.

Aqui estão 10 dicas importantes para alcançar e manter o equilíbrio emocional no day trade:

1. Autoconhecimento em Primeiro Lugar:

Invista tempo para entender suas próprias emoções, gatilhos e padrões comportamentais. Quanto mais você se conhece, melhor pode antecipar e controlar suas reações emocionais.

2. Estabeleça Limites Claros:

Defina limites de perda e ganho antes de cada negociação. Isso ajuda a evitar decisões impulsivas baseadas em emoções durante os momentos de estresse.

3. Desenvolva uma Estratégia de Gestão Emocional:

Assim como tem uma estratégia de negociação, tenha um plano para lidar com as emoções. Isso pode envolver pausas, exercícios de respiração ou até mesmo a revisão de seu diário emocional.

4. Mantenha um Diário Emocional:

Registre suas emoções, decisões e resultados após cada sessão de negociação. Isso ajuda a identificar padrões emocionais e fornece insights para aprimorar sua abordagem emocional.

5. Pratique a Paciência:

A paciência é uma virtude vital no day trade. Espere por configurações de negociação ideais e evite ceder à pressão que pode ser induzida por emoções.

6. Evite Tomar Decisões Impulsivas:

Quando emoções intensas como ganância ou medo aparecem, evite tomar decisões imediatas. Dê um passo atrás, respire fundo e avalie a situação com clareza.

7. Mantenha o Foco no Longo Prazo:

Lembre-se de que o day trade é uma maratona, não uma corrida. Mantenha seu foco em seus objetivos de longo prazo, o que pode ajudar a diminuir o impacto emocional das flutuações diárias.

8. Aprenda com as Perdas:

Em vez de se abater com as perdas, use-as como oportunidades de aprendizado. Analise o que deu errado e como suas emoções influenciaram as decisões. Isso o ajudará a evoluir como trader.

9. Cerque-se de um Ambiente Positivo:

Evite influências negativas que possam aumentar o estresse ou minar sua confiança. Mantenha um ambiente de trabalho positivo que apoie seu equilíbrio emocional.

10. Busque Aprendizado Constante:

E por último, lembre-se que a jornada para o equilíbrio emocional é contínua. Continue aprendendo com recursos, livros e outros traders experientes. Quanto mais você aprender, mais preparado estará para enfrentar os desafios emocionais do day trade.

Lembrando que o equilíbrio emocional é uma habilidade que se desenvolve ao longo do tempo. Não se desanime com desafios, pois cada obstáculo é uma oportunidade para crescer e se tornar um trader mais resiliente e confiante.

Chegando então ao final da nossa leitura, vou passar aqui algumas dicas práticas para ajudá-lo a gerenciar suas emoções:

1. Pratique a Respiração Profunda:

Quando você sentir que a ansiedade está aumentando, pare por um momento e respire profundamente. Inspire pelo nariz contando até quatro, segure por quatro segundos e expire pela boca contando até quatro novamente. A respiração profunda ajuda a acalmar o sistema nervoso e a reduzir a ansiedade.

2. Faça Pausas Regulares:

Incorpore pausas curtas entre as negociações para se afastar dos gráficos por um momento. Use esse tempo para alongar, respirar ou praticar a atenção plena. Isso ajuda a evitar o acúmulo de ansiedade ao longo do dia.

3. Utilize Técnicas de Atenção Plena (Mindfulness):

A prática de mindfulness envolve estar presente no momento atual e observar suas emoções sem julgamento. Quando você sentir ansiedade ou outras emoções intensas, concentre-se na sua respiração ou em seus sentidos por alguns minutos. Isso pode ajudar a reduzir a intensidade das emoções.

4. Mantenha-se Hidratado e Nutrido:

Uma dieta saudável e a hidratação adequada têm impacto direto em seu estado emocional. Evite consumir cafeína excessiva, que pode aumentar a ansiedade, e opte por alimentos que forneçam energia constante ao longo do dia.

5. Exercício Físico Regular:

A prática regular de exercícios físicos é uma maneira eficaz de reduzir a ansiedade e melhorar o humor. Além de seus benefícios físicos, o exercício libera endorfinas, substâncias químicas que promovem o bem-estar emocional.

6. Defina Metas Realistas:

Defina metas realistas e alcançáveis para suas negociações. Metas inatingíveis podem aumentar a ansiedade. Ao alcançar metas menores, você ganha confiança e reduz a pressão emocional.

7. Visualize Cenários Positivos:

Antes de começar uma negociação, reserve um momento para visualizar cenários positivos. Isso pode ajudar a diminuir a ansiedade, pois você está se concentrando nas possibilidades de sucesso.

8. Estabeleça Limites de Tempo:

Defina limites de tempo para suas sessões de negociação. Isso pode evitar que você fique excessivamente imerso no mercado e permitir que você se desconecte e relaxe.

9. Mantenha-se Informado, mas Evite Excesso de Informações:

Estar informado é importante, mas o excesso de informações pode levar à sobrecarga e à ansiedade. Selecione fontes confiáveis e limite a quantidade de tempo que você passa consumindo notícias e análises.

10. Tenha um Plano de Ação para Situações Estressantes:

Antes de enfrentar situações estressantes, como grandes movimentos de mercado, tenha um plano de ação em mente. Isso ajuda a evitar decisões impulsivas movidas pela ansiedade.

Lembre-se de que essas técnicas não eliminam completamente as emoções e a ansiedade, mas podem ajudar a diminuir sua intensidade e impacto nas decisões. A prática constante é essencial para aprimorar essas habilidades ao longo do tempo. Então, não perca tempo e comece a colocar tudo em prática hoje mesmo. Bons trades!

CONCLUSÃO FINAL

Chegamos ao fim desta emocionante jornada pelos fatores emocionais no day trade! Ao longo deste e-book, exploramos o poder das emoções no mercado financeiro e descobrimos como elas podem influenciar nossas decisões, determinando o sucesso ou o fracasso nas operações de trading.

Nossa jornada nos levou a compreender a importância da inteligência emocional e da gestão cuidadosa das emoções no mundo desafiador do day trade. Aprendemos que o equilíbrio emocional não é apenas uma questão de evitar o medo ou a ganância, mas sim de abraçar todas as nossas emoções e usá-las como aliadas em nossa jornada como traders.

Lidamos com estudos de caso emocionantes, conhecemos a trajetória de traders visionários, aprendemos com suas vitórias e derrotas, e extraímos lições valiosas para aprimorar nossas próprias habilidades emocionais. Descobrimos que o aprendizado contínuo, a autodisciplina e a resiliência são pilares fundamentais para enfrentar os desafios do mercado financeiro.

Ao desvendar a ciência por trás das emoções no mercado, ampliamos nossa compreensão sobre como nossos cérebros reagem a diferentes situações e como podemos usar esse conhecimento para tomar decisões mais informadas e conscientes.

A jornada não foi fácil, mas, como traders emocionalmente inteligentes, sabemos que cada desafio é uma oportunidade de crescimento. Celebramos nossas conquistas e aprendemos com nossos erros, sempre buscando melhorar e evoluir.

O mercado financeiro é um ambiente dinâmico e imprevisível, mas estamos prontos para enfrentá-lo com confiança, sabedoria e equilíbrio emocional. Nosso plano de negociação está definido, nossos limites estabelecidos e nossas estratégias bem alinhadas.

Como traders, somos atraídos pela paixão de explorar novas possibilidades, e como seres humanos, somos movidos pela emoção. Agora, sabemos que a chave para o sucesso no day trade é encontrar o equilíbrio perfeito entre razão e emoção.

Desejo a todos vocês, meus colegas traders emocionalmente inteligentes, uma jornada repleta de sucesso, aprendizado e emoções controladas. Lembrem-se de que a inteligência emocional é uma jornada contínua, e cada passo dado nos aproxima cada vez mais do ápice do sucesso no mercado financeiro.

Que a paixão pelo day trade seja sempre nossa motivação, e que a inteligência emocional seja nossa aliada mais valiosa em cada negociação.

Obrigado por embarcarem nesta emocionante jornada comigo!

Bons trades e muito sucesso a todos!

Marcelo Kenzo Taketa

SOBRE O AUTOR

Marcelo Kenzo Taketa

 Marcelo Kenzo Taketa é um trader profissional, programador e estudante de psicologia. Sua paixão pelo mercado financeiro o levou a aprimorar suas habilidades técnicas e emocionais. Além disso, sua busca pelo autoconhecimento e compreensão da psicologia humana o torna um trader consciente da relevância das emoções no day trade. Compartilha seu conhecimento e experiência para capacitar outros traders a enfrentarem os desafios do mercado com sucesso e confiança.